AF305784

Le Marquis

De Talhouët-Roy

NOTICE

NOTICE SUR LE MARQUIS

DE TALHOUËT-ROY

AUGUSTE-ELISABETH-JOSEPH
DE TALHOUËT-BONAMOUR

MARQUIS DE TALHOUET-ROY

MAITRE DES REQUÊTES AU CONSEIL D'ÉTAT

PRÉSIDENT DU CONSEIL GÉNÉRAL DE LA SARTHE

DÉPUTÉ A L'ASSEMBLÉE LÉGISLATIVE

VICE-PRÉSIDENT DU CORPS LÉGISLATIF

MINISTRE DES TRAVAUX PUBLICS

DÉPUTÉ A L'ASSEMBLÉE NATIONALE

SÉNATEUR DE LA SARTHE

VICE-PRÉSIDENT DU CONSEIL D'ADMINISTRATION

DU CHEMIN DE FER D'ORLÉANS

COMMANDEUR DE LA LÉGION D'HONNEUR

NÉ A PARIS LE 11 OCTOBRE 1819

DÉCÉDÉ LE 11 MAI 1884, EN SON CHATEAU DU LUDE

NOTICE SUR LE MARQUIS

DE TALHOUËT-ROY

Dans la remarquable Généalogie de la maison de Talhouët, due à la plume savante de M. de Boislisle, membre de l'Institut, une figure se détache avec une vigueur singulière ; c'est celle d'Auguste Frédéric, marquis de Talhouët-Bonamour, né à Rennes et baptisé en l'église Saint-Étienne de cette ville. Il n'avait pas quinze ans quand, désireux de servir son pays, il s'engagea comme volontaire dans la 64e demi-brigade d'infanterie, le 9 décembre 1802. Il conquiert rapidement ses premiers grades, entre à l'école de Fontainebleau le 8 avril 1805, et en sort l'année suivante pour passer comme sous-lieutenant au 32e régiment d'infanterie. Cependant, l'infanterie n'est point son fait, car nous le retrouvons bientôt sous-lieutenant au 5e régiment de chasseurs à cheval. Puis la guerre l'appelle en Allemagne, et son courage, son activité, son intelligence lui font rapidement franchir les premiers degrés de la hiérarchie militaire.

C'est comme chef d'escadron qu'il prend part à

la première campagne de Russie, où, à la bataille de la Moskowa, il se distingue en enfonçant avec son escadron un de ces bataillons d'infanterie russe dont Napoléon Ier disait : « Les Russes sont des bastions ; il faut les démolir. » Mais on ne se tire pas toujours sans horions de ces belles entreprises, et le chef d'escadron fut grièvement blessé d'un coup de biscaïen à la tête. Cela se passait sous les yeux de Napoléon Ier, qui se connaissait en hommes de guerre. Sur le champ de bataille même, le jeune chef d'escadron fut nommé colonel. Pareil dénouement n'était point pour le décourager, et au cours de la seconde campagne de Russie, il est encore blessé et laissé pour mort sur la neige, où il serait resté sans le dévouement d'un de ses hommes qui le rapporta sur ses épaules à l'ambulance. Il se remit pourtant assez vite, car ce fut lui-même qui, comme colonel faisant fonctions de général de brigade, ramena en France sa brigade à peu près intacte, à travers les douloureuses étapes de cette désastreuse retraite. Un pareil résultat valait tous les faits d'armes de la campagne. Il disait bien haut le soin que M. de Talhouët avait eu de ses hommes et la confiance qu'il leur inspirait.

Toute la carrière de M. de Talhouët-Bonamour fut digne de ces beaux débuts. A l'origine de la Restauration, nous le retrouvons à la tête du 6e régiment de chasseurs. Le nouveau gouvernement, sous lequel la France se remit si vite des désastres de l'épopée glorieuse mais sanglante du premier Empire, et qui suscita des hommes si remarquables dans toutes les branches du service public, ne manqua point d'apprécier et de reconnaître de bonne heure les services du vaillant soldat. Il était chevalier de Saint-Louis et commandeur de la Légion d'honneur quand éclata le mouvement des Cent jours. On sait que ce mouvement ébranla plus d'un ferme caractère, surtout dans l'armée; M. de Talhouët, lui, resta fidèle à son serment. Il sut maintenir son régiment dans l'ordre, et il faut le louer d'avoir bien compris ce que commandaient l'honneur et l'intérêt de la France. La crise passée, M. de Talhouët fut appelé au commandement d'un des plus beaux régiments de la garde royale, le 2e grenadiers à cheval. L'année suivante, il est promu au grade de maréchal de camp, grade auquel il joindra, trois ans plus tard, les hautes fonctions d'inspecteur de la cavalerie. Mais si le gouvernement a besoin de sa connaissance des choses de l'armée, le pays n'a pas moins besoin de son expérience et de ses lumières dans les Chambres. Dès 1819, nous le voyons appelé par ordonnance royale à la Chambre des pairs. Ce que le marquis de Talhouët fut dans cette haute assemblée, nous le savons par le témoi-

gnage du président Boyer. De même qu'il s'était
montré fidèle dans les camps aux sévères exigences
du service militaire, il se montra exact et assidu
aux devoirs de ses nouvelles fonctions. Son jugement
éclairé et sûr, sa rare indépendance d'esprit, l'aisance et la dignité de ses manières, qui recouvraient
d'un vernis exquis sa vive et spirituelle franchise de
gentilhomme breton, lui assurèrent, parmi ses collègues de la Chambre des pairs, une grande part
d'influence. Et cette influence, on la reconnaissait
d'autant plus volontiers, que derrière le législateur
éminent il y avait, on le savait, l'homme de cœur
passionnément dévoué à son pays, tendrement
attaché à ses amis et toujours heureux d'user, avec
une générosité active et prévenante de grand sei-
gneur, des revenus de son immense fortune.

Le gouvernement avait rendu hommage à la
haute valeur de M. de Talhouët en l'appelant dans
les conseils de la nation. Mais cette valeur ne pouvait échapper à ses compatriotes de la Sarthe.
En 1829, ils firent de lui leur représentant, pour le
canton du Lude, au conseil général du département.
Cinq ans plus tard, cette assemblée l'élevait à la
présidence, poste de confiance et d'honneur qu'il
devait garder jusqu'à sa mort, et où il rendit au département les services les plus signalés. Aussi,
quand la maladie, après trente-six ans consacrés à

la France, le forcera à se démettre de ses hautes
charges, et, au bout d'une lutte de deux années, le
terrassera pour le faire descendre prématurément
dans la tombe, ce sera, par le pays entier, comme
une explosion de regrets et de douleur. Le général
succombait en pleine maturité, en pleine force. Il
avait à peine cinquante-quatre ans.

*
* *

En 1817, le général avait épousé Mlle Alexan-
drine-Laure-Sophie Roy, fille du comte Roy, le
ministre des finances de la Restauration, et par là
un nouvel héritage de patriotisme et d'honneur
était entré dans la famille de Talhouët. Le comte
Roy n'avait pas trente ans quand éclata la tourmente
révolutionnaire. On sait comment ce mouvement fit
perdre la tête aux plus solides. Mais il fournit au
comte Roy l'occasion de faire preuve d'une admi-
rable énergie, d'une rare intrépidité. Ce fut lui qui,
devant le premier tribunal révolutionnaire, défendit
le journaliste royaliste de Rozoi, comme il défendit
plus tard les accusés de vendémiaire en 1795.

L'Empire vint, et, pas plus que la Terreur, ne
put le faire sortir de sa voie. Aussi fut-il rigou-
reusement tenu à l'écart et même quelque peu
persécuté dans ses biens, qui, grâce à son entente
de l'industrie et à son génie des affaires, étaient

devenus considérables. Le gouvernement de la Restauration devait le dédommager. Il avait été élu député de la Seine pendant les Cent jours et réélu après la crise. Il avait pris une part remarquée aux discussions de la Chambre, et établi sa réputation d'administrateur hors ligne ; on l'appela au ministère des finances. Trois fois sous la Restauration, il tint ce portefeuille, et, en face d'un rival glorieux comme le comte de Villèle, il sut conquérir et garder une grande réputation.

Tel était l'homme dont le général marquis de Talhouët avait épousé la fille. Voilà le double héritage de patriotisme et d'honneur que devait trouver dans son berceau Auguste-Elisabeth-Joseph de Talhouët-Bonamour, marquis de Talhouët-Roy, dont nous allons résumer ici la noble et féconde carrière.

Né en 1819, un an et quelques mois après une sœur, Antoinette-Françoise-Élisabeth-Sophie, qui épousa le comte de Crussol, devenu plus tard duc de Crussol, duc d'Uzès et pair de France, le jeune Auguste de Talhouët fit son éducation à Paris, au collège Rollin. Il semble bien que le grand-père, le comte Roy, ait joué un grand rôle dans cette éducation qu'il voulait simple et sévère. C'était chez lui que sortait le jeune collégien qui, dans cet intérieur de travailleur et d'homme d'État, prit de

bonne heure le goût de l'ordre, de l'étude et de la
simplicité. En dépit de l'importance et de la mul-
tiplicité de ses occupations, le comte Roy suivait de
près le travail de son petit-fils. Il savait s'intéresser
à ses goûts, à ses jeunes amitiés, si bien que la
maison de l'homme d'État était un peu devenue la
maison des camarades de collège qui n'avaient
point de correspondant à Paris. On juge bien que
cette gracieuse hospitalité faisait de l'homme d'État
un homme très aimé par la jeunesse du collège
Rollin. Mais le plus fervent de ses admirateurs
était certainement son petit-fils. Et il ne s'agissait point là d'une fugitive impression d'enfance,
mais d'un sentiment profond qui devait grandir
tous les jours et décider de l'existence de M. de
Talhouët. Car le jeune homme, tout imprégné des
traditions militaires de sa maison et fier des lau-
riers paternels, était de tout son cœur porté vers la
carrière des armes. L'influence de son grand-père
en décida autrement. Il y a plus d'une manière de
servir son pays et de mériter sa reconnaissance et
son admiration. Si la carrière militaire exerce plus
de séduction sur les jeunes imaginations, les car-
rières civiles ont aussi leur noblesse et leur éclat.
Et le jeune héritier des Talhouët avait sous les yeux
le vivant exemple de ce que peuvent réaliser pour
le bien du pays, le travail, la probité, l'intelli-

gence des affaires, **quand tout cela s'ajoute à un** solide fonds de courage civique **et** à un ardent amour de la patrie.

Il en coûta peut-être au jeune homme de renoncer au métier militaire, mais il ne laissa point paraître ses regrets, et ce fut avec décision et énergie qu'il entra dans la voie que lui traçait le comte Roy. Il fallait tout d'abord commencer par l'étude du droit. Et là M. de Talhouët n'avait point seulement à contenter ses professeurs. Le plus aimé et le plus redouté de ses examinateurs ne siégeait point à la Faculté; son grand-père suivait de près ses travaux d'étudiant, comme il avait suivi ceux du collégien, s'intéressant à ses cours, à ses thèses, et exigeant que les études fussent sérieuses. Bientôt même, pour que son petit-fils pût, en même temps que la théorie, apprendre un peu de pratique, il le fit entrer pour quelques mois comme stagiaire dans une étude d'avoué. On comprend que, poussé de ce train, le futur homme d'État fut vite en mesure de répondre aux intentions de son grand-père. Nous le voyons dès 1844 entrer comme auditeur au conseil d'État; un peu après, en 1846 et en 1847, il est envoyé en mission en Algérie, où la question du partage des terres entre les colons préoccupait le gouvernement. Et M. de Talhouët allait passer maître des requêtes quand éclata la révolution de

1848, qui devait orienter définitivement sa carrière et le jeter au milieu des orages de nos grandes assemblées.

Il faut dire que, dès la mort du général de Talhouët, survenue en 1842, les électeurs du canton du Lude avaient nommé le jeune marquis de Talhouët leur représentant au conseil général. L'élection était entachée de nullité, puisque l'élu n'avait pas encore l'âge exigé par la loi. Elle fut donc annulée. Mais le dénouement ne découragea point les Ludois, qui de nouveau reportèrent leurs voix sur le fils de leur ancien représentant. Là-dessus, nouvelle instance en nullité d'élection, nouvel arrêt, nouvelle invalidation. Mais pendant ce temps les mois avaient marché, l'âge nécessaire était venu, et les Ludois purent enfin, en 1844, faire entrer au conseil général l'élu de leur choix. On comprend que cette constance et cet attachement des électeurs de son père avaient profondément touché le cœur de M. de Talhouët, et quand survint l'orage de 1848, au lieu de songer à la Marne, où son grand-père le comte Roy possédait des biens considérables et jouissait de la plus grande influence, il songea tout de suite à se présenter à la députation dans la Sarthe.

Mais les révolutions n'ont point pour habitude de ramener avec elles l'ordre et la paix. On sait le désarroi qui marqua en 1848 l'écroulement du trône de Louis-Philippe. Au milieu de la tempête il fallait remplir ses devoirs de citoyen, et M. de Talhouët ne manqua point à ces devoirs-là. Dans ses lettres à sa famille, notamment dans celles qu'il adresse à sa femme, le marquis de Talhouët montre bien le calme courage et la sérénité d'esprit qu'il déploie à travers les angoisses et les incertitudes de la crise. C'est de Paris, du foyer même de la révolution, où il est avec la « garde nationale » de la Flèche, qu'il écrit à Mme de Talhouët :

« Comme je vous l'avais écrit, tout est fini à Paris, il n'y reste plus que la stupeur qui doit suivre d'aussi effroyables événements. La présence de la garde nationale de province est donc excellente, puisqu'elle permet à celle de Paris de se reposer en toute sûreté. Les pertes sont énormes...

« ... Nous sommes arrivés hier soir par le chemin de fer, qui marche lentement; nous sommes restés toute la nuit de garde au chemin de fer; nous en sommes partis à cinq heures du matin pour être passés en revue par l'Assemblée nationale. Nous avons défilé devant elle, ainsi que tous les gardes nationaux de province. Il y en a plus de cent mille.

« Aujourd'hui nos hommes sont enchantés; ils fraternisent avec la mobile, la ligne, etc. Notre

colonne est de cinq cents hommes maintenant
Nous avons recruté du monde en route, que nous
avons incorporé parmi nous, et nous sommes dis-
tingués sous le nom de gardes nationaux de l'arrondissement de la Flèche.. . . . .

« On nous a mis de garde aux Tuileries, où nous
avons trois ou quatre mille prisonniers à garder
(ce qui n'est pas difficile); ils n'ont pas d'armes et
nous sommes nombreux... »

Ce petit coin de tableau, on le voit, ne manque
pas d'intérêt; si nous le donnons ici ce n'est point
pour refaire une description de Paris en 1848, mais
pour montrer qu'au milieu du désordre et de l'agi-
tation de l'époque, M. de Talhouët resta au premier rang des hommes que préoccupaient avant
tout l'ordre public et l'intérêt du pays. Et de même
que nous venons de le voir, avec un courage tran-
quille, remplir son devoir de « garde national », nous
le voyons, quelques semaines plus tard, dans une
autre lettre à la marquise de Talhouët, constater avec
satisfaction la tendance du pouvoir à rechercher
l'appui et l'alliance des conservateurs. Il est certain que, de ce côté, des ouvertures lui furent faites;
et l'on voit dans sa correspondance qu'il était question de le faire entrer dans la diplomatie. Mais ce
n'était point dans cette voie que M. de Talhouët se
croyait appelé à servir la France. Et il rentra au

cher pays du Lude, où, comme on a déjà pu le voir, de véritables relations de famille unissaient le château et la population.

*
* *

De nos révolutions, celle de 1848 est celle qui donna lieu aux manifestations les plus originales et les plus variées. Nous ne voulons pas seulement parler de ces plantations d'arbres de la liberté, faites avec la bénédiction du clergé et le concours des éléments naguère les plus désunis de la nation. Nous faisons aussi allusion à ce mouvement de concorde, à ce besoin d'union, qui un moment, au lendemain de l'effondrement de Louis-Philippe, produisit de tous côtés, en France, les démonstrations les plus chaleureuses et les plus inattendues. Mais nous ne savons si rien en ce genre surpasse le spectacle qu'offrit le château du Lude, l'année suivante.

On a vu M. de Talhouët et la garde nationale de la Flèche, contribuer de leur mieux au rétablissement de l'ordre à Paris. M. de Talhouët voulut reconnaître les preuves de confiance et d'attachement que lui avaient prodiguées ces braves gens, et cimenter les liens qui l'unissaient à l'honnête population de la Flèche. Il donna donc, en l'honneur de la « garde nationale », à son château du Lude, une fête qui est restée légendaire dans le pays.

Le château du Lude, avec sa cour seigneuriale, sa magnifique terrasse, son entrée imposante et son heureuse situation, se prêtait merveilleusement à une fête de ce genre. Du reste, M. de Talhouët voulait que la fête fût réussie, et il n'y épargna ni ses peines, ni son temps, ni son argent. Il faut voir, dans sa correspondance avec la marquise de Talhouët, l'activité avec laquelle il organise toute chose et règle d'avance les détails de ces réjouissances. Les gardes nationaux évolueront sur la terrasse à l'extrémité de laquelle un tir à la cible sera organisé. Il n'y aura pas moins de dix prix pour les plus habiles tireurs. Sur la pelouse, un mât de cocagne tentera les amateurs. Mais la vraie fête de la fête se passera dans la cour intérieure, qui, abritée par d'immenses toiles accrochées aux toits du château, sera comme une vaste tente. Au milieu, un grand mât enguirlandé, entouré de trophées d'armes, montera jusqu'aux voiles qu'il soutiendra par leur centre. Partout il y aura des colonnades, des massifs, des guirlandes de fleurs, de verdure et de drapeaux. Dans ce superbe décor un grand repas sera servi à des centaines de gardes nationaux. Et chacun sera à table, et chacun sera assis. Enfin, sur la terrasse qui domine la cour, il y aura des musiciens. Et la musique ne sera point seulement pour égayer le repas. La journée finira par un bal au milieu d'une illumination féerique.

La fête, nous l'avons dit, est restée légendaire dans la contrée. Le programme arrêté par M. de Talhouët fut admirablement exécuté, et c'est lui-même qui, dans une autre lettre, raconte que tout a très bien marché : « La fête du Lude a été superbe, » écrit-il, et avec une joie légitime d'auteur il énumère ses succès. Le bal, très gai, a duré jusqu'à deux heures du matin. On a pris joyeusement le mât de cocagne. « Bref, conclut M. de Talhouët, nous étions quatre cent vingt-cinq à table et nous avons très bien dîné. » Et il ajoute ce trait exquis : « Pas un homme ne s'est grisé ! »

Depuis 1844, M. de Talhouët représentait le canton du Lude au conseil général. En 1848, il était devenu vice-président de cette assemblée élective et maire de la ville du Lude. Mais, l'année suivante, il devait ajouter un nouveau lien à ceux qui l'unissaient au département. En effet, aux fameuses élections de 1849, sur la liste conservatrice, où La Moricière venait en tête, M. de Talhouët passait le troisième avec 25 000 voix d'avance sur M. Ledru-Rollin, le premier de la liste républicaine.

Pour son début il tombait bien. L'Assemblée par où il entrait dans la vie politique ne devait point mourir de sa belle mort. M. de Talhouët s'éleva d'ailleurs contre le coup d'État du 2 décembre. Il faisait même partie du groupe de députés qui s'étaient assemblés à la mairie de la rue d'Anjou pour protester contre l'acte du prince Louis. Ce fut là qu'il fut quelque peu blessé dans une bagarre, arrêté avec ses collègues et conduit au fort de Vincennes pour y être emprisonné. Deux souvenirs assez gais se rattachaient pour lui à cette aventure. Le premier était d'une nature tout à fait personnelle. Parmi ses anciens collègues du conseil d'État il y en avait un avec lequel il avait conservé des relations assez suivies, et ces relations consistaient surtout à lui prêter un cheval de selle pour ses promenades. Le 2 décembre, l'ami avait pris le cheval, selon son habitude, mais il était de l'état-major de la garde nationale, et à ce titre il prit part, avec ou sans ordre, à l'arrestation des protestataires de la rue d'Anjou. Naturellement il n'avait pas changé de cheval, de sorte que M. de Talhouët eut le désagrément d'être arrêté par un officier qu'il n'avait certes pas équipé pour une pareille besogne [1].

1. Nous pouvons sur ce point invoquer le témoignage d'un contemporain, qui faisait lui aussi partie de l'état-major de

Le second souvenir a pris place dans l'histoire. On sait le procédé imaginé par le prince Louis-Napoléon pour se débarrasser des députés emprisonnés — qu'une fois l'opération réussie il n'avait plus besoin de garder sous les verrous. M. de Talhouët, avec un certain nombre de ses collègues, fut prié de monter dans un omnibus qui était allé les chercher à Vincennes. Une escorte les accompagnait, et ils avaient compris qu'il s'agissait, soit d'une comparution devant un tribunal du nouveau maître, soit d'un changement de prison. On arriva dans Paris ; l'omnibus s'arrêta à une station de fiacres ; l'escorte s'évanouit, les chevaux furent dételés, et les prisonniers, fort mortifiés de cette plaisanterie de tyran, eurent du mal à comprendre qu'il ne leur restait plus qu'à rentrer chez eux.

M. Thiers, victime du même tour, ne le pardonna jamais à l'Empire, dont il dira plus tard qu'il « aimait la cuisine, mais non le cuisinier ».

M. de Talhouët montra moins de rancune. Il n'avait protesté qu'au nom de la loi et du bien public. Quand il vit le pays ratifier avec empressement le nouveau régime, il dut se dire que la crainte des révolutions est pour les nations une sagesse comme une autre. Et il reprit sans trop de mauvaise hu-

la garde nationale. Les amis de M. de Talhouët l'ont plus d'une fois entendu rappeler cette amusante anecdote.

meur l'existence utile et occupée que lui créait sa situation dans son département. N'avait-il point une grande fortune à gérer, ses chers administrés du Lude, son conseil général, dont il était vice-président depuis 1848? Ce fut dans ces dispositions d'esprit que le trouvèrent les élections de 1852. On le pressait de poser sa candidature. L'opposition comptait que l'élection du protestataire du « 2 décembre » serait, contre l'Empire, une manœuvre excellente. D'un autre côté, le gouvernement jugeait que l'adhésion d'un homme comme M. de Talhouët, qui jouissait d'une telle influence dans le département, serait pour lui une chose très heureuse. Mais, aux adversaires de l'Empire il répondit qu'il n'entendait nullement se faire l'instrument d'une opposition systématique. Et aux avances du gouvernement, qui, pour prix de son concours demandait une « déclaration de principe » en sa faveur, il répondit par un langage et une attitude d'une irréprochable netteté. Avant tout, dit-il, il sait que la France a besoin d'ordre et de repos. Il n'est pas hostile en principe au gouvernement, mais il entend garder son indépendance et rester libre de blâmer ce qui lui paraitra contraire aux intérêts du pays. Notons ici que cette fermeté de M. de Talhouët était d'autant plus méritoire, qu'il comptait dans l'entourage de l'Élysée des influences de famille qui mettaient naturellement **tout** en œuvre pour le gagner au nouveau régime. On en jugera par ce qu'il écrivait à son beau-frère, M. le duc de Padoue, qui jouissait d'une grande situation dans le gouvernement : « Mes sentiments ne sont pas changés, parce qu'avant tout je veux l'ordre dans mon pays. Cependant, après avoir pu constater toute votre affection pour moi, je ne voudrais pas que mon nom fût prononcé, soit au ministère, soit à l'Élysée. On y fera ce que l'on voudra. Le plus sage serait peut-être de ne pas me prendre pour candidat, et cependant de ne pas me combattre par les moyens que l'on emploie vis-à-vis d'hommes que l'on considère comme dangereux. Ce que je désire, c'est conserver mon indépendance. Je ne serai pas hostile en principe au gouvernement, mais je tiens à une chose, c'est à avoir la liberté nécessaire pour approuver ce que je crois bien, et blâmer ce qui est impolitique et mauvais, comme le décret d'hier [1].

Le préfet de la Sarthe, de son côté, n'était point rassuré sur cette candidature qui surgissait avec toute chance de succès dans son département. Il écrivit donc à M. de Talhouët, pour savoir dans quelles conditions il entrait en lice. Et M. de Talhouët d'affirmer à nouveau son programme : « J'aurai l'honneur de vous répondre ce que j'ai pu dire

1. Décret constitutif de 1852.

aux personnes qui ont bien voulu penser à moi. Je ne me porte pas comme candidat d'opposition ; j'entends seulement, comme tout honnête homme doit le faire, garder mon indépendance pour l'appréciation des actes. Mon concours dévoué serait acquis à tout ce que je croirais utile et glorieux pour la France. Je sais que mon pays a besoin de repos. Je ne contribuerai pas à le troubler. »

C'est sur cette « plate-forme », comme on dit aujourd'hui en langue un peu américaine, que M. de Talhouët se présenta aux électeurs de sa circonscription de la Flèche. Il fut élu par 22 481 voix sur environ 34 000 inscrits et 25 000 votants. Dès lors était scellé entre lui et ses compatriotes de la Sarthe le pacte de confiance et d'affection qui avait été conclu trois ans auparavant, et qui ne fut jamais rompu à travers toutes les crises de notre histoire, depuis cette époque. C'est ainsi qu'aux élections de 1857, où on avait suscité contre lui l'illustre Raspail, qui n'eut pas même un millier de voix, il fut nommé par 19 000 voix sur 20 000 votants ; que le 3 juin 1863, il fut nommé par 23 000 voix sur 24 000 votants ; qu'en 1867, il eut plus de 23 900 voix sur 26 000 votants. Cette fois encore on lui avait opposé Raspail, qui n'eut qu'un second succès de ridicule. Enfin, en 1871, le scrutin de liste est rétabli. La guerre et l'invasion ont passé sur la France. Mais plus que jamais la population de la Sarthe se serre autour de son digne représentant ; et c'est par plus de 56 000 voix qu'elle l'envoie siéger à l'Assemblée nationale.

Avec une modestie qui l'honorait, M. de Talhouët attribuait sa grande popularité dans la Sarthe au nom et aux services de son père, le général de Talhouët, dont il retrouvait partout, écrit-il à un des siens, « la mémoire vénérée ».

Il y avait beaucoup de vérité dans cette expression de sa gratitude filiale. Mais c'est qu'aussi il continuait dignement les traditions paternelles. Il avait à cœur tout ce qui pouvait importer à l'in.-térêt, à l'avenir du pays. Qui ne sait aujourd'hui l'importance qu'ont les comices, ces assises périodiques de l'agriculture, de l'élevage et de la propriété dans nos grands centres de production. Le général de Talhouët avait importé cette institution chez lui. Le marquis de Talhouët, poursuivant l'œuvre de son père, la popularisa tout à fait, et ce fut pour lui l'occasion de donner tous les ans des fêtes charmantes et cordiales où les gens du pays accouraient en foule, consacrant et perpétuant ainsi les affectueux rapports qui, dans cet heureux coin de France, existaient entre la chaumière, la ferme et le château. Les fêtes étaient pour le plaisir, mais les comices avaient un but plus sérieux. Grâce aux leçons, à l'émulation, aux encouragements qu'ils apportaient régulièrement, ils étaient pour l'agriculture, pour l'élevage, une cause constante de progrès, d'amélioration, de développement. Et dès qu'il y avait un exemple à donner, une innovation à tenter, une expérience à risquer, M. de Talhouët n'hésitait point à s'en charger, heureux de mettre au service de ses compatriotes sa grande fortune et sa connaissance des questions qui intéressent nos agriculteurs. Ce fut lui qui, un des premiers en France, préconisa le croisement de la race bovine anglaise de Durham avec les races françaises. Les résultats qu'il obtint par ce croisement des Durham avec la vieille race Mancelle furent merveilleux et séduisirent tous les éleveurs de la région. On sait qu'aujourd'hui la méthode a pris faveur partout.

Il y avait devant le château du Lude de grandes landes incultes. M. de Talhouët les fit défricher et irriguer convenablement, et à ces landes sauvages succédèrent de bonnes prairies. C'était montrer le parti que l'élevage et l'agriculture pouvaient tirer de ce sol ingrat, au moyen d'irrigations bien comprises. L'exemple ne fut pas perdu, et après les landes du Lude, bien d'autres landes de la région sont devenues des herbages où prospèrent aujourd'hui des bestiaux, cette vraie richesse de l'agriculteur.

Mais **ce** que M. de Talhouët devait encore réaliser de plus pratique et de plus utile pour le pays, c'était la création d'une ferme modèle, où avec de bonnes méthodes de culture, on pût aussi trouver de bons reproducteurs, qui, il y a quarante ans, manquaient encore plus qu'aujourd'hui loin des grands centres et des établissements de l'État. La ferme modèle du Lude a rendu à ses voisins, et on peut dire à tout le département, des services qui ne sont pas oubliés.

*
* *

Quand un département a **ses finances bien administrées**, ses industries favorisées, son agriculture prospère, il n'a pas encore tout ce qu'il attend de ceux qui le gouvernent. Les routes et les canaux suffisaient à nos pères. Aujourd'hui il nous faut des chemins de fer, sous peine d'être trop désarmés dans l'espèce de « lutte pour la vie » qui existe désormais, non seulement de pays à pays, mais encore de département à département, même de canton à canton. Il n'est point de circonscription qui ne demande son tracé de chemin **de** fer, point de petite commune qui n'ambitionne une gare plus ou moins voisine. Tout irait bien si, à l'instar de l'ingénieur fameux qui commande à **nos guerriers** et subjugue l'Académie, on pouvait **tracer des** chemins de fer à l'infini, sans s'inquiéter de l'intérêt général, de la question d'utilité et de la question de dépense, détails mesquins dont peuvent tout au plus se soucier des administrateurs sérieux. Heureusement ces administrateurs existent; ils ont existé sous tous les gouvernements; ils existent même sous celui-ci. Et avant d'accorder un bout de chemin de fer électoral, ils sont obligés de tenir compte de la situation des Compagnies et des ressources du trésor.

Or, ce qui est relativement facile aujourd'hui l'était beaucoup moins autrefois. Le gouvernement était ménager de l'argent public, les Compagnies craignaient de s'aventurer dans des entreprises improductives. Heureux furent alors les départements où des hommes jouissant d'une grande influence et possédant une haute situation ont pu peser sur les grandes Compagnies et forcer la main au gouvernement. Sous ce rapport, la Sarthe doit quelque gratitude au marquis de Talhouët. Il est au premier rang de ceux qui, par leur influence, leur crédit, leur activité, et au besoin leurs sacrifices personnels, ont travaillé à doter de bonne heure le département de la Sarthe des chemins de fer locaux qu'il possède aujourd'hui, et qui relient la Flèche au Mans, à Angers, à Tours.

Prenons d'abord la ligne du Mans à Angers. Le

tracé par Sablé était déjà résolu par l'administration des ponts et chaussées, quand M. de Talhouët
fut appelé à s'en mêler. Il n'y avait qu'à acquiescer
au projet arrêté et à en presser la complète réalisa-
tion. Mais le tracé ne donnait pas à l'importante
ville de la Flèche une communication rapide et
directe avec Angers. Et avec la Flèche, M. de
Talhouët désire cette communication. Si, pour réaliser le plan, il n'avait fallu que le concours du conseil général, celui de l'État et l'acceptation de la
Compagnie d'Orléans, il aurait gagné la bataille ;
malheureusement, il fallait aussi, pour le projet,
le concours du département de Maine-et-Loire, et
de ce côté-là on se heurtait à un obstacle. Les
finances de Maine-et-Loire étaient alors fort obé-
rées, par suite de grosses entreprises départemen-
tales, et on voit dans la correspondance de M. de
Talhouët que ses actives démarches n'aboutirent
qu'à un ajournement. Cependant, une bataille
ajournée n'est pas perdue. Et en attendant la ligne
que donnera sûrement l'avenir, il importe de relier
la Flèche au grand réseau qui la mettra en communication avec le Mans, Tours, Vendôme. Mais le
projet est peut-être bien un peu fléchois. Et alors,
pour mériter le concours de ses collègues du conseil général, il met une somme considérable dans
le chemin de fer de Mamers à Saint-Calais. Heureu-

sement cette dernière affaire tourna bien, et M. de Talhouët fut remboursé de son argent. La ville du Lude y gagna la restauration de son hospice [1]; et la Flèche eut son chemin de fer. On sait que ce chemin de fer passe sur la rive gauche du Loir. La commission des routes du conseil général s'était prononcée pour ce tracé sur la rive gauche. La Compagnie d'Orléans n'en voulait pas d'autre. Du reste, quelques conseils municipaux des communes de la rive droite (Mareil, Clermont) ne voulaient pas que le tracé passât chez elles, où il aurait coupé les meilleures terres.

*

En s'occupant ainsi des intérêts de son département, M. de Talhouët ne faisait point trop d'ingrats. Au conseil général, s'il ne pouvait être appelé à la présidence parce que le choix du président était réservé à l'administration, il exerçait une influence prépondérante. Personne dans le département ne jouissait d'une popularité plus justement méritée. Et cette popularité n'apparaissait point seulement en temps d'élections. Elle s'affirmait volontiers à l'occasion des événements de famille qui touchaient M. de Talhouët, et cela avec une spontanéité, une

1. Cet hospice avait été déjà doté par le général de Talhouët de plusieurs fermes sises en Bretagne.

cordialité, qui ne laissaient rien à désirer. Et naturellement c'était la population du Lude qui, dans
ces circonstances, était heureuse de proclamer le
plus haut son attachement à la maison de Talhouët.
Comme elle avait témoigné de son deuil et de ses
regrets, lors de la mort du général, elle devait témoigner de sa joie vingt-cinq ans plus tard, lors du
mariage de Mlle de Talhouët avec le comte de
Juigné.

M. de Talhouët avait épousé, en 1847, au château de Ris-Orangis, Mlle Léonie-Sidonie-Désirée
Honnorez, dont la mère était veuve en secondes
noces de l'amiral de Rigny. Mme de Talhouët, qui eut
pour sœurs la comtesse Frédéric de Lagrange et la
duchesse de Padoue, donna à son mari trois enfants :
Marie-Élisabeth-Adèle-Alix, René-François-Honoré-
Marie, aujourd'hui marquis de Talhouët-Roy, et
Georges-Joseph-Marie, aujourd'hui comte de Talhouët-Roy[1]. Mlle de Talhouët fut mariée le 18 mai 1867
à Chrétien-Anatole-Henri Le Clerc, comte de
Juigné[2], et quand les jeunes époux vinrent pour la première fois au Lude, ils furent l'objet de la démons-

1. Le marquis et le comte de Talhouët sont aujourd'hui
mariés. Ils ont épousé les deux sœurs, Mlles des Monstiers-
Mérinville.

2. La famille de Juigné est de la Sarthe, arrondissement
de la Flèche. Le gendre de M. de Talhouët est conseiller
général de Sablé. Son père a été député de la Sarthe en 1871.

tration la plus flatteuse. La ville était en liesse, les rues pavoisées, des arcs de triomphe furent dressés ; l'un d'eux avec cette inscription : *La ville du Lude reconnaissante.* La fête était trop belle pour ne pas avoir un lendemain. Aussi, huit jours après, elle recommençait avec plus d'éclat que jamais. C'était M. de Talhouët qui rendait aux Ludois la fête donnée aux siens. Et sur le principal arc de triomphe une autre inscription se lisait : *A la ville du Lude reconnaissante.* Le souvenir de ces brillantes réjouissances vit encore dans le département.

M. de Talhouët n'avait point seulement mérité ces hommages par sa générosité envers la ville, mais encore par mille bienfaits de son administration. Il faut rappeler notamment le pont de pierre construit sur le Loir et dont l'inauguration, en 1865, avait été pour le Lude, pour le pays tout entier, une grande occasion de réjouissances populaires dont, selon son habitude, M. de Talhouët fit tous les frais.

*
* *

Et maintenant qu'on a vu M. de Talhouët en famille, pour ainsi dire, au milieu de ses chères populations de la Sarthe, conseiller éclairé, administrateur modèle, esprit ouvert à toutes les réformes justes et sages, il nous semble que l'on comprendra mieux le noble rôle joué par lui dans nos grandes

3

assemblées politiques, au milieu d'événements dont
le souvenir a longtemps passionné l'opinion. Ce
qu'il avait promis au début de sa carrière politique
il l'a fidèlement tenu. Il n'a jamais voulu troubler
la paix et le repos de son pays ; mais nul régime ne
l'eut pour courtisan. Dans sa longue carrière parlementaire, on ne citera de lui ni une parole ni un
acte qui n'aient été inspirés par le souci de la liberté, de la prospérité et de l'honneur du pays. Et
si on a pu parfois, comme cela est inévitable dans
les pays de libre discussion, discuter la justesse de
ses appréciations et de ses vues, on n'a jamais pu
contester sérieusement l'élévation de son caractère et la pureté de son patriotisme.

Dans l'état politique et social où nous a mis le
renversement des traditions et des institutions du
passé, il y a pour la France deux périls particuliè-
rement graves à redouter. Nous voulons parler de
l'imprévoyante administration de nos finances et
des excès de la centralisation. L'imprévoyance de
certains financiers de l'ère moderne peut, à un moment donné, nous jeter dans une crise formidable.
Tout ce qu'on retire aux centres provinciaux, pour
le donner au pouvoir central, ne fortifie pas assez
le pouvoir et diminue pour la province ses garanties
de sécurité et de liberté. Nous sommes malades, profondément malades des abus de la centralisation.

Ce sera l'éternel honneur de M. de Talhouët d'avoir, en plein Empire, signalé ce double danger, et de n'avoir rien épargné pour le dénoncer à tous les vrais amis de la France.

Nous ne saurions ici analyser tous les discours par lesquels il est intervenu dans la discussion de nos budgets; mais nous les résumerons suffisamment en disant que, pour la plupart, ce sont de petits modèles de discussion courtoise et solide. M. de Talhouët ne parlait point pour le plaisir de parler et pour recueillir les applaudissements des badauds. Quand il montait à la tribune, c'est qu'il avait quelque chose à dire. Et on l'écoutait toujours avec intérêt. C'était la prudence, le bon sens, l'expérience parlant bon français. Il était d'une compétence reconnue dans les questions d'administration et de finance. Il n'aimait point les irrégularités, les méthodes empiriques, les expédients ordinaires ou extraordinaires auxquels les financiers aventureux ont recours dans les circonstances difficiles. Et on peut croire qu'il frémirait aujourd'hui des jongleries financières que pratiquent certains ministres de M. Carnot, pour masquer les trous d'un budget de quatre milliards.

S'il était facile de prêcher au gouvernement de l'Empire l'ordre et l'économie, il était difficile de le convertir à la doctrine de la décentralisation.

Mais en attendant mieux, M. de Talhouët estimait qu'un peu de décentralisation ferait du bien au pays, et on voit cette préoccupation apparaître dans les discours qu'il prononçait en prenant part aux discussions du budget. On peut dire, à ce point de vue, qu'il a été un des précurseurs du mouvement qui s'accuse aujourd'hui. Lui qui, après la guerre, proposait à l'Assemblée nationale, en son nom et au nom d'un certain nombre de collègues, la nomination d'une commission de décentralisation, quelle ne serait pas sa joie de voir aujourd'hui des républicains eux-mêmes ralliés, dans une certaine mesure, à sa doctrine; car c'est un organe important de l'opinion républicaine, le *XIXᵉ Siècle*, croyons-nous, qui, récemment, constatait le caractère coûteux, compliqué et antilibéral de notre centralisation administrative. Un peu plus, il regrettait tout haut l'ancienne division monarchique des provinces. Et ce sont des républicains eux-mêmes qui, l'autre jour, à propos de l'anémie des Facultés de l'État, parlaient de la reconstitution des Universités provinciales. La fondation en province des Universités catholiques, le mouvement signalé par les assemblées provinciales catholiques de 1889, ne sont point étrangers sans doute à cet état d'esprit dans le monde raisonnable de la République. Mais il nous sera permis de constater que, sur ce point comme sur beaucoup d'autres, M. de Talhouët a vu juste et compris les vrais besoins de la France, ainsi que la nécessité de son retour futur à ses vieilles libertés.

*
* *

M. de Talhouët fut de ceux qui saluèrent avec joie l'avènement de la politique libérale de l'Empire. En cela, il restait encore fidèle à ses débuts, alors qu'écrivant à son beau-frère le duc de Padoue, il protestait contre les décrets de 1852. Aussi, quand le ministère Ollivier se constitua, M. de Talhouët, qui était alors vice-président du Corps législatif, fut un des premiers auxquels on songea pour la nouvelle combinaison. On lui offrit le portefeuille des travaux publics, qu'il accepta, à la grande joie de ses amis de l'arrondissement de la Flèche, où presque tous les conseils municipaux lui votèrent des adresses de félicitations.

Mais il avait à peine pour ainsi dire eu le temps de recevoir ces félicitations, qu'il songeait déjà à quitter le ministère. En effet, l'empereur, cédant à des influences qui flattaient son goût pour la popularité, se décidait à demander à un nouveau plébiscite la consécration de son pouvoir. C'était une **bizarre** idée que de remettre ainsi en question le principe d'autorité et le système de gouvernement. Bien qu'au point de vue du résultat matériel, l'aventure ne pût offrir aucun danger, M. de Talhouët ne la jugeait pas moins désastreuse au point de vue du résultat moral, et de nature à compromettre la paix du pays. Mais le siège de l'empereur et du ministère était fait. Il donna sa démission et sortit du pouvoir aussi tranquillement qu'il y était monté. Il avait été ministre quatre mois et deux jours. Entré dans le cabinet le 8 janvier 1870, il le quittait le 10 mai, après avoir montré aux travaux publics des qualités d'administrateur de premier ordre.

Mais nous voici rendus à l'année terrible. L'Empire, raffermi par le plébiscite, va tomber dans le piège tendu par Bismarck; la France subira des désastres inouïs, inexplicables au seul point de vue humain; et, comme tous les bons Français, M. de Talhouët gardera dans le cœur, de ces jours lamentables, un deuil qui ne le quittera qu'avec la vie.

Pour tous ceux qui ont étudié les documents et les faits de cette époque, rien n'est mieux prouvé que l'habileté du piège tendu par Bismarck, que l'imprévoyance avec laquelle la France y est tombée. Nous disons à dessein la France, parce que, pour une bonne part, elle a été la complice de l'Empire en cette aventure. Le piège tendu par Bismarck était bien simple : il était prêt à la guerre; il avait besoin d'un prétexte, non pour la déclarer, mais pour se la faire déclarer. Il savait la France inquiète et nerveuse depuis Sadowa; à la moindre blessure d'amour-propre elle regimberait, et rien ne serait plus facile que de la blesser. On prétend bien qu'il ne comptait pas du tout sur la candidature Hohenzollern. Ce n'est pas si sûr; Prim était une de ses connaissances. On ajoute que l'incident ayant été soulevé et la France ayant réclamé, l'Allemagne a donné satisfaction à la France, qui alors, par d'intolérables exigences, a provoqué la rupture. Cette idée de transformer l'Allemagne en agneau est excellente, mais elle n'a trompé que les gens décidés à se laisser tromper. Du moment que l'empereur Guillaume avait consenti au retrait de la candidature de son parent au trône d'Espagne, il n'était pas plus difficile de promettre à la France que cette question était enterrée pour toujours. Mais la politique allemande avait déjà résolu d'utiliser pour ses desseins cette complication internationale. Appuyer la candidature du prince allemand, c'était avouer à l'Europe qu'on voulait la guerre. Feindre de donner satisfaction à la France, et profiter d'une dernière demande de conciliation pour transformer cette démarche en une provocation intolérable, tel fut le plan fidèlement suivi par

M. de Bismarck. Et de peur que le plan ne réussisse pas encore assez vite, dès que se produit l'incident Benedetti, M. de Bismarck s'empresse de télégraphier la nouvelle aux cours d'Europe, pour que la chose arrive aux oreilles de la France, et pour transformer ainsi en outrage sanglant une difficulté diplomatique.

Il n'est pas inutile de rappeler ce point de départ de la guerre de 1870, quand on veut juger avec impartialité les hommes politiques qui, au milieu de cette terrible crise de notre histoire, eurent à des degrés divers la responsabilité de l'honneur et des intérêts de la France. On peut, certes, accuser l'empereur Napoléon d'avoir commis une lourde faute quand, cédant à la néfaste influence du prince Jérôme, il refusa, à la veille de Sadowa, d'arrêter l'ambition de la Prusse. Rien n'était plus facile alors. L'empereur aima mieux avouer ses préférences pour la Prusse, et le général Trochu a enregistré une déclaration importante à ce sujet. La Prusse représentait pour lui la cause du « progrès »; il devait bien s'en apercevoir un jour.

On peut aussi accuser Napoléon III d'avoir manqué de clairvoyance et de prudence au début de la crise; de n'avoir pas tout d'abord compris la gravité de la querelle où il s'engageait; d'avoir témoigné de son incertitude et de ses hésitations au début de l'affaire. On peut surtout l'accuser d'avoir, en face des formidables armements de la Prusse, cru trop aisément à l'excellence de notre organisation militaire. Nous n'avons pas à le défendre; mais il est juste de remarquer que ses deux plus grandes fautes furent son attitude en 1866 et l'insuffisance de nos préparatifs militaires. Or, dans ces deux grandes fautes, il eut pour complices la plupart des républicains. Comme lui, la plupart des républicains répugnaient à l'idée d'une démonstration en faveur de l'Autriche. Ils étaient favorables à l'Italie révolutionnaire, favorables à Cavour et, par suite, favorables à la politique de M. de Bismarck. Le prince Jérôme, le futur membre de la majorité gambettiste des 363, n'était-il pas déjà des leurs? Et M. Thiers, qui voyait plus juste, ne passait-il point à leurs yeux pour une manière de vieille perruque et de radoteur? Pour la question militaire, c'était la même chose; les crédits de l'armée, d'après eux, étaient toujours trop considérables. Ils mettaient de la politique de parti jusque dans ces questions d'organisation militaire.

Bref, l'Empire, sourd aux conseils de ses amis désintéressés, et docile à l'influence de ses pires ennemis, courait aux catastrophes. La France l'a payé cher. Une parole odieuse a retenti alors : « La République vaut bien deux provinces. » Cette parole a été réprouvée avec indignation par les républicains honnêtes ; mais le franc-maçon qui l'a prononcée est devenu un des personnages éminents de la République athée. Il a été l'un des grands précurseurs de l'enseignement sans Dieu.

Revenons à M. de Talhouët. Au milieu des tristesses et des deuils de cette crise terrible, il est resté ce qu'il fut toute sa vie, l'homme de cœur, le bon Français qui mettait au-dessus de tout l'honneur et les intérêts de la France. D'autres pouvaient suivre avec acharnement les desseins de leurs ambitions, ou se faire, dans des conjonctures aussi graves, les instruments intéressés des passions de parti. Pour lui, détaché de toute ambition particulière, il ne voulait, il ne cherchait que le bien public dans la liberté et dans l'ordre. Quand vient la crise qui se dénouera par la guerre, il est de ceux qui, entre la pression de l'opinion, les hésitations du pouvoir et les manœuvres de l'opposition, gardent tout leur sang-froid étudient la situation avec le sentiment de leur responsabilité, et, quand il faudra conclure, diront noblement et simplement leur avis. Rien n'est plus honorable que le rôle joué par lui dans la grande commission parlementaire que le Corps législatif chargea de délibérer en son nom, sur les communications du gouvernement à la veille de la guerre. Les agités du Corps législatif voulaient la guerre parce qu'ils croyaient au succès. Les adversaires du gouvernement réclamaient la paix avec d'autant plus d'ardeur, que, faute de pouvoir exploiter la paix comme une humiliation, ils comptaient bien accueillir la guerre comme une calamité uniquement due au régime impérial. Le malheur de ces querelles de parti est qu'on y oublie, par ambition, par rancune ou par intérêt, l'intérêt supérieur de la patrie. Heureux ceux qui, au milieu de ces agitations furieuses, se préoccupent avant tout de leur conscience, de la justice et du bien du pays. Tel fut M. de Talhouët.

On devait bien penser que l'homme qui, pour de simples questions de politique intérieure, n'avait pas hésité à se séparer publiquement du gouvernement, et même à quitter le ministère pour affirmer son indépendance, n'aurait point trahi la confiance du pays et de ses collègues pour plaire servilement au pouvoir dans des circonstances aussi graves. Et d'un autre côté, on pouvait être assuré que le prisonnier du 2 décembre, qui avait refusé de s'associer à la politique révolutionnaire contre l'Empire, n'aurait point abandonné le gouvernement qui représentait la France, pour s'associer à des manœuvres de couloirs.

L'enquête qui eut lieu après la guerre a bien établi que le rôle joué par M. de Talhouët en

cette période critique fut celui d'un bon citoyen.
On sait que M. Saint-Marc Girardin fut chargé
du rapport de cette enquête. Un pareil rapporteur
ne peut être soupçonné, certes, d'être favorable à
l'Empire. Voici ce qu'on peut lire dans son mé-
morable travail : « Les éclaircissements que nous
a donnés M. le marquis de Talhouët nous ont fait
pénétrer de plus en plus dans le travail rapide et
sincère de la Commission du Corps législatif[1]. »

Sincère est ici le mot juste. M. de Talhouët fut
sincère vis-à-vis des ministres et vis-à-vis des
représentants du pays. Son patriotisme et son
désintéressement lui rendaient son devoir bien
facile. Nous écrivons ceci avec les dépositions des
témoins de cette longue et laborieuse enquête sous

1. *Rapport présenté à l'Assemblée nationale par M. de
Saint-Marc Girardin au nom de la Commission d'enquête du
4 septembre.*

Citons encore de ce rapport le passage suivant :

« ... Reconnaissons aussi que, depuis le 15 juillet et après
la communication faite au Corps législatif, il n'était pas
possible à la commission d'arrêter brusquement la guerre
déjà déclarée; c'eût été à ce moment quitter le champ de
bataille devant l'ennemi à peine aperçu. C'eût été en même
temps et du même coup, faire, dès le 15 juillet, la révolution du 4 septembre. Nous ne pouvons donc ni blâmer la
commission du 15 juillet ni nous étonner que le Corps législatif ait alors couvert par sa responsabilité la responsabilité
du gouvernement. Déjà, à ce moment, tout était irréparable
et inévitable. »

les yeux. Tous s'accordent à justifier bon gré, mal gré, la correction d'attitude et de langage du député de la Sarthe. Parmi ses collègues, il se distingue par son désir de bien éclairer la Chambre et le pays. Il vote avec la minorité la proposition Jules Favre[1], car il ne se contente point des déclarations plus ou moins précises des ministres. Il veut qu'on communique, non seulement à la commission, mais aussi au Corps législatif, toutes les dépêches qui peuvent l'éclairer. Et comme la guerre est inévitable, comme elle est dans l'air, M. de Talhouët veut que son pays ait raison, tout à fait raison, que la France ait pour elle, non seulement le bon droit, mais encore la force et de sérieuses garanties de succès. Il pressera donc le cabinet de donner des explications complètes sur l'origine des négociations, sur l'état de nos forces, sur les alliances promises au gouvernement[2].

1. Cette proposition, violemment présentée et violemment combattue à la séance historique du 16 juillet 1870, était ainsi conçue :

« Nous demandons communication des dépêches et notamment de celles par lesquelles le gouvernement prussien a notifié sa résolution aux gouvernements étrangers. »

Elle fut repoussée par 159 voix contre 84.

2. « Ainsi nous avions commencé par voir le maréchal Lebœuf et nous lui avions demandé : « Êtes-vous prêt ? » Nous avons insisté sur différents points, puis nous avons vu le ministre des affaires étrangères et lui avons posé les

L'histoire, qui remet les hommes et les choses à leur rang et à leur place, rendra pleine justice à M. de Talhouët, dont des adversaires de mauvaise foi ont seuls pu défigurer le rôle. Mais déjà M. de Talhouët avait pu pressentir quelque chose de cette justice de l'histoire, dans les preuves d'estime et de respect que lui ont données ses contemporains. Nous ne parlons pas seulement de la fidélité de ses électeurs, après les désastres de la guerre. Nous voulons aussi parler des témoignages que lui rendirent des républicains que n'aveuglait point la passion de parti.

M. Thiers, le véritable fondateur de la troisième République, n'était certes point suspect de tendresse pour les hommes politiques qui, de loin ou de près, avaient tenu au régime de l'Empire. Et il ne se cacha jamais d'éprouver pour M. de

trois questions dont je viens de vous parler. Les prétentions ont-elles été les mêmes depuis le premier jour jusqu'au dernier? ensuite : les dépêches qu'on vous envoie de différents côtés vous garantissent-elles que la dépêche même de M. de Bismarck soit de telle nature ? enfin, espérez-vous des alliances?... » (*Enquête du 4 septembre. Déposition de M. de Talhouët.*)

A cette dernière demande, le ministre avait répondu : « Si j'ai fait attendre la commission, c'est que j'avais chez moi, au ministère des affaires étrangères, l'ambassadeur d'Autriche et le ministre d'Italie. J'espère que la commission ne m'en demandera pas davantage. »

Talhouët, pour son caractère, pour son intégrité politique, une estime singulière. Alors qu'au lendemain de nos désastres il parcourait l'Europe pour chercher des alliés, des amis à la France envahie, il écrivait affectueusement à M. de Talhouët, pour lui faire part de ses déboires, de ses tristesses, de ses angoisses.

Et quand, un peu plus tard, il fallut essayer de faire élire une Assemblée nationale, de constituer un gouvernement régulier, au milieu de l'anarchie politique créée par la dictature de l'inventeur du camp de Conlie, du « fou furieux[1] », du « dictateur de l'incapacité[2] », du « factieux[3] » ami de M. Spuller, M. de Talhouët fut un des bons Français auxquels M. Thiers fit appel pour restaurer les fortunes de la patrie. On sait le découragement qui, à cette époque, s'était emparé des hommes d'ordre, après l'orgie de la dictature gambettiste. On sait aussi que, par un décret abusif, M. Gambetta avait osé interdire aux électeurs de choisir pour représentants les hommes politiques du régime tombé. A cause de ce décret, M. de Talhouët, respectueux

1. Jugement de M. Thiers sur Gambetta.

2. Appréciation de M. Gambetta par M. Lanfrey, l'écrivain républicain devenu plus tard sénateur.

3. « M. Gambetta mourra dans la peau d'un factieux. » (Paroles de M. Jules Grévy.)

de cette légalité tyrannique, retira sa candidature dans son département. M. Thiers lui écrivit :

« Mon cher collègue et cher ami,

« J'ai reçu hier seulement votre lettre du 3 février. J'ai été désolé de vous voir renoncer à votre candidature, pour un décret universellement méprisé et qui n'aurait pas été considéré comme obligatoire par la future Chambre. Du reste, après cinq à six jours d'une véritable scène d'anarchie, les délégués de Bordeaux refusant obéissance au représentant du gouvernement de Paris, et les uns et les autres se menaçant d'arrestation, un renfort de trois gouvernants parisiens, Arago, Pelletan, Garnier-Pagès, est venu soutenir M. Jules Simon ; le dictateur Gambetta a été déposé, privé de ses deux ministères, et, grâces en soient rendues aux mœurs de notre temps, on s'est destitué au lieu de se couper la tête. Le décret d'exclusion a été mis à néant, et j'espère que le télégraphe, qui a fonctionné hier au soir, vous aura fait reprendre votre candidature. Nous avons besoin d'hommes sages et dévoués au bien comme vous, et il faut bien se garder de nous abandonner. Les difficultés seront immenses, et à nous tous nous pourrons avec grand'peine sauver le pays du double malheur de l'invasion et de l'anarchie. Mais enfin il faut s'y employer tous. »

Le département de la Sarthe fut du même avis que M. Thiers et donna à M. de Talhouët un chiffre considérable de voix.

*
* *

Nous n'avons pas refait, nous ne referons pas, à l'occasion de cette rapide biographie de M. de Talhouët, l'histoire de l'année terrible. Vingt ans bientôt ont passé, et ces durs souvenirs pleurent encore dans toutes les mémoires. On se rappelle la foudroyante succession de nos revers, nos héroïques légions surprises et débordées par une organisation savamment exercée, la lamentable journée de Sedan, l'envahissement du Corps législatif par le peuple parisien, que des chefs trop connus menaient à l'assaut du pouvoir.

En pleine paix ce gouvernement d'émeute aurait signifié la fin de l'ordre et de la légalité. En face de l'ennemi victorieux, il pouvait signifier la ruine et le démembrement de la patrie. M. de Talhouët se montra aux premiers rangs des citoyens courageux qui, joyeusement ou tristement résignés à la chute lamentable de l'Empire, songeaient avant tout à la France, et voulaient lui conserver, au milieu des périls de l'invasion, l'honneur et le bienfait d'un gouvernement régulier. Il ne s'agit point là d'une entreprise de réaction, mais d'un généreux effort **pour sauvegarder** ce qui reste de l'ordre et de la légalité, pour affirmer contre l'émeute parisienne le droit de la France. M. de Talhouët se trouvait d'ailleurs en nombreuse compagnie. Il était avec les députés qui, dans la salle à manger de la Présidence, alors que le Corps législatif était envahi par les émeutiers, délibéraient sur la proposition de M. Thiers tendant à constituer, « vu la vacance du pouvoir », un gouvernement légal. Il était du nombre de ces cent vingt ou cent trente députés qui, réunis chez M. Johnston, leur collègue, protestaient contre l'émeute. Il était enfin de ces représentants légaux de la France qui voulurent faire entendre jusque dans les salles de l'hôtel de ville leurs courageuses revendications. Des républicains, et notamment MM. Thiers et Grévy, les deux futurs présidents de la République, étaient avec eux pour lutter contre l'installation du gouvernement de l'émeute. Ce fut l'émeute qui triompha. Et les dépositions des témoins de l'enquête parlementaire sur le 4 septembre nous dépeignent M. Jules Ferry, le futur auteur de l'article 7 et de l'enseignement sans Dieu, trônant à l'hôtel de ville et, au nom du gouvernement, né par génération spontanée de l'envahissement du Corps législatif, signifiant à la délégation des représentants du pays, qu'on ne tolérerait plus, de leur part, la moindre tentative de réunion.

Quand on fouille à travers les événements de cette année terrible, les souvenirs tragiques ou comiques se pressent en foule. Nous n'en dirons que deux ; ils ne manquent pas d'une certaine gaieté. Le premier se rapporte précisément à cette réception de la députation du Corps législatif à l'hôtel de ville. M. Garnier-Pagès, **un** homme très populaire alors dans les faubourgs, faisait partie de la députation. Il ne savait pas encore qu'il avait été bombardé membre du gouvernement du jour, et il comptait bien « protester », puisqu'il en avait accepté la mission. Quelqu'un lui fit-il observer qu'il venait protester contre son propre gouvernement? Put-il lui-même lire son nom sur la liste des membres du nouveau gouvernement, laquelle traînait sur la table de l'hôtel de ville? On ne sait. Toujours est-il que son parti fut vite pris. Avec une aisance parfaite, sans dire un mot, il planta là sa députation et alla s'asseoir tranquillement à côté de M. Jules Ferry et de ses collègues. Et c'est ainsi que se... compléta le gouvernement de la Défense nationale.

L'autre souvenir est personnel à M. de Talhouët et intéresse un éminent personnage du régime actuel.

M. de Talhouët avait jadis connu dans son département un jeune substitut que tourmentait précocement l'ambition d'une grande destinée. Le député de la Sarthe était un homme influent ; on le savait généreux et obligeant. Le substitut voulut l'intéresser à son sort, et sous prétexte de lui donner des nouvelles d'un ami, lui écrivit une lettre très longue et très personnelle. Il s'y représentait comme un garçon d'avenir, condamné par l'oubli du pouvoir à un sort misérable. Il moisissait dans un humble ressort de province, aussi perdu que dans un désert. Point de grandes affaires, partant point d'occasion de se signaler ! En conséquence, il demandait à M. de Talhouët de lui procurer un changement. Il en serait éternellement reconnaissant. M. de Talhouët accueillit gracieusement la supplique, et le protégé n'eut pas à se plaindre du protecteur, car pendant la guerre, alors qu'on parlait partout des francs-tireurs, le député vit venir à lui son substitut. Et, cette fois, il n'avait plus affaire à un magistrat, mais à un guerrier bouillant d'ardeur, à un Achille qui lui demandait de l'aider à organiser un corps de francs-tireurs. Ce corps serait superbe ; il combattrait vaillamment les Prussiens ; il s'appellerait « les Francs-tireurs de l'Impératrice ». M. de Talhouët n'avait aucun motif pour douter de la valeur de ce champion de la patrie. Il s'exécuta.

Si le guerrier accomplit des prouesses, M. de

Talhouët n'en sut jamais rien. Et l'oublieuse histoire n'a jamais dit que, derrière le panache de l'avocat-soldat, les francs-tireurs de l'Impératrice aient exterminé beaucoup de Prussiens.

Mais, après le 4 septembre, au lendemain du jour où avait eu lieu chez M. Johnston la réunion de protestation des députés, M. de Talhouët, qui était revenu chez son collègue, prenait congé de lui, quand deux « officiers » se présentèrent. Ici, il faut laisser la parole à M. Johnston, déposant devant la commission d'enquête sur le 4 septembre :

« Au moment où le chef de bataillon et un capitaine entraient, M. de Talhouët me dit adieu et se leva comme pour partir ; mais le commandant, qui précisément le connaissait, pour avoir eu recours à lui lors de la formation de son corps de francs-tireurs, l'arrêta, en lui disant : « Monsieur le marquis, il m'est impossible de vous laisser sortir en « ce moment. » A quoi M. de Talhouët lui répliqua : « Vous faites là un singulier métier, Monsieur ! « Il y a quelques jours à peine, j'ai été heureux « de vous aider à organiser un corps de francs-« tireurs pour combattre les Prussiens ; je ne me « doutais guère que vous emploieriez votre bataillon à venir arrêter d'honnêtes gens chez eux. » Déconcerté de cette foudroyante apostrophe, le bel officier s'adressa alors à M. Johnston et lui remit un papier du préfet de police de la Défense nationale. Il était envoyé pour *protéger* la demeure de M. Johnston, et *au besoin pour empêcher* chez lui toute espèce de réunion politique.

L'anecdote est jolie ; mais ne rions pas. Saluons plutôt. Car ce substitut pressé d'avancer, ce franc-tireur de police de haute fantaisie, c'était le futur fidèle de M. Constans, c'était M. Quesnay de Beaurepaire, procureur général de Paris, qui cherchait encore sa voie.

*
* *

Quant à M. de Talhouët, la bataille de l'ordre et de la légalité une fois perdue, il rentra dans son département. La guerre créait partout une situation pleine d'angoisses et de périls. Les proclamations véhémentes de M. Gambetta, qui ne gagnaient point de batailles, ne consolaient ni M. Thiers, ni M. Grévy, ni une foule de bons Français ; et elles donnaient au deuil affreux de la patrie un je ne sais quoi, qui sentait le bohème et l'histrion.

M. de Talhouët vit de près les misères du camp de Conlie ; il n'organisa aucun corps de francs-tireurs ; mais en attendant la fin de cette lugubre crise, il travailla autour de lui à relever les courages, à préparer de meilleurs jours. Et quand le gouvernement oubliera l'établissement national du Prytanée de la Flèche, comme une simple armée de l'Est, ce sera M. de Talhouët qui rappellera l'existence de l'établissement et lui fera adresser une somme de 30 000 francs, pour sauver de la faim les professeurs et le personnel.

A la paix, on l'a vu, les habitants de la Sarthe l'envoyèrent à l'Assemblée nationale avec un chiffre de voix formidable. Là, pendant quatre ans, il donna mille preuves de son dévouement au pays, de son amour pour le bien public, de son entente des affaires. Il fut un de ceux qui, selon l'expression de M. Thiers, « s'appliquèrent à sauver la France de la ruine et de l'anarchie ». Mais il s'occupait surtout, avec un redoublement d'affection et de zèle, de son cher département de la Sarthe, où il était devenu président du conseil général, depuis que la chute de l'Empire avait donné à l'assemblée départementale le droit d'élire elle-même son bureau.

En 1876, il se présenta pour le Sénat, et fut élu naturellement en tête de la liste conservatrice. Au Sénat, comme à l'Assemblée, il se montra le champion des meilleures traditions du pays, comme un défenseur résolu de l'ordre social et religieux. Mais cette élection de 1876 devait être sa dernière victoire politique. Son cœur et son âme ne s'étaient jamais guéris des deuils de 1870 et de 1871. Au bouleversement de la patrie, les uns avaient tout perdu, les autres tout gagné. Lui n'y avait rien gagné ni perdu de sa belle situation. Mais il portait en lui la mélancolie des choses écroulées. Il ne se consola jamais de la blessure faite à la France, et qui saignait dans son cœur. Sa santé, après avoir décliné doucement, s'abîma tout à fait. En 1881, il ne put pas se représenter pour le Sénat, et le 12 mai 1884, il s'éteignait doucement au cher château du Lude, au milieu de la désolation des siens et des regrets d'une population où il comptait tant d'amis et tant d'obligés.

*
* *

Les obsèques du marquis de Talhouët furent l'occasion d'une démonstration de deuil, dont le souvenir est encore vivant dans le pays. De tous les coins du département, il était venu d'anciens et fidèles électeurs, de vieux amis, de nombreuses députations qui tenaient à témoigner de leur reconnaissance pour le bienfaiteur de la contrée dans les bons et les mauvais jours. Aussi ce fut au milieu de l'émotion générale que le regretté Mᵍʳ d'Oultremont rappela la longue et glorieuse carrière du défunt, qui avait servi la France avec un dévouement passionné, et qui, au milieu des populations de la Sarthe, avait passé en faisant le bien.

Mais mieux encore que les accents de l'éloquence, les œuvres de l'homme le louent après la mort. Et la mémoire de M. de Talhouët est conservée au milieu de ses compatriotes par les œuvres qu'il a fondées, les misères qu'il a secourues, les bienfaits qu'il a répandus autour de lui, d'une main plus discrète encore qu'elle n'était généreuse.

Cette générosité était bien connue de ses amis dans la Sarthe. Elle n'était point ignorée de ses ennemis. Rappelons-en un trait parmi plusieurs autres. Un républicain, aujourd'hui sénateur de la Sarthe, M. Le Monnier, s'était vu en butte, à l'origine de l'Empire, aux rigueurs du gouvernement. Banni ou déporté une première fois, il fut, lors de l'attentat Orsini, déporté une seconde fois. Un parent ou ami demanda à M. de Talhouët d'intervenir. Il le fit avec un empressement et une ardeur extrèmes, car il avait été choqué de cet acte de rigueur accompli sans jugement. On a vu qu'il avait un proche parent dans l'entourage impérial. Il écrivit, en homme qui veut obtenir ce qu'il demande. En vain lui fit-on remarquer qu'il allait ramener dans le pays un futur adversaire, et qu'il s'en repentirait. Nous avons la lettre sous les yeux. Mais M. de Talhouët tint bon, et eut gain de cause.

On dira qu'il cédait là à un sentiment de justice et que c'était bien naturel. Sans doute. Mais la justice qu'on observe contre son intérêt est toujours une belle chose. Elle n'est point d'ailleurs si commune, aujourd'hui qu'on voit un triste gouvernement et des partisans dignes de lui commettre passionnément « l'injustice » contre leur « intérêt ». Mais la bonté est le privilège des nobles cœurs, et M. de Talhouët était un noble cœur, capable de toutes les bonnes actions. Dans un hôtel du Mans où il descendait d'habitude, il y avait une vieille servante qui était, paraît-il, un modèle de dévouement et de probité. On n'est pas parfait pourtant, et la bonne femme était possédée de l'ambition d'obtenir le prix Montyon. M. de Talhouët s'intéressa à l'affaire, et recommanda chaudement la candidature de la bonne femme. Hélas ! l'enquête fit découvrir que ce phénix des servantes avait commis, il y avait bien longtemps, une faute qui rendait sa candidature impossible. Mais M. de Talhouët ne se tint pas pour battu. Il garda pour lui le secret de l'enquête, et la femme eut son prix. Seulement l'Académie n'y était pour rien, M. de Talhouët ayant pris dans la circonstance le rôle de M. de Montyon.

*
* *

De son vivant, M. de Talhouët connut toutes les

belles joies que peut donner le succès d'une grande carrière noblement remplie. Son pays l'a comblé de dignités. Il a été commandeur de la Légion d'honneur, cela, du temps où on ne prodiguait pas les plaques de l'ordre national. Il a rempli toutes les fonctions électives qui existent dans notre organisation politique. Il a été à la tête de grandes compagnies, comme celle d'Anzin, dont il était « régisseur », comme celle des chemins de fer d'Orléans, où il était vice-président du conseil d'administration. Il a été député, sénateur, ministre. Mais de toutes ces belles distinctions, de toutes ces hautes charges, de toutes ces récompenses flatteuses, aucune à notre avis ne vaut la longue preuve de confiance et d'affection que lui ont fidèlement et inébranlablement donnée ses compatriotes de la Sarthe. C'est celle que sa famille, que des fils désireux de continuer les traditions paternelles mettent à plus haut prix. Il faut d'ailleurs reconnaître que le pays n'y a pas perdu. Tels serviteurs, tels services. Et il y aura toujours, grâce à Dieu, quelque différence entre qui sert son pays pour le devoir et pour l'honneur, et qui le sert avec égoïsme et pour le profit.

FIN

PARIS

IMPRIMERIE D. DUMOULIN ET Cie

5, rue des Grands-Augustins, 5